W0224176

Herzlichen Glückwunsch zum neuen Zuhause!

Herzlichen Glückwunsch zum neuen Zuhause!

Ein Glückwunschbuch für alle,
die ein neues Zuhause gesucht
und endlich auch gefunden haben.

Von Helmut Kobusch
mit Zeichnungen von Klaus Puth

TOMUS

© Tomus Verlag GmbH, München 1991
Alle Rechte der Verbreitung, auch durch Fernsehen, Funk, Film,
fotomechanische Wiedergabe, Bild- und Tonträger jeder Art,
sowie auszugsweiser Nachdruck vorbehalten.
Gesamtherstellung: Wiener Verlag
1 2 3 4 5 95 94 93 92 91
Auflage Jahr
(jeweils erste und letzte Zahl maßgeblich)
ISBN 3-8231-0266-4

Herzlichen Glückwunsch

von ……………………………………………

Dieses Buch gehört jetzt:

……………………………………………

Gewidmet vom Autor
und dem Zeichner:

Abstellraum

A

Abstellraum

Zwischenlagerstätte für Dinge, die man eigentlich auch wegwerfen könnte, aber aus Pietät oder Furcht, daß man sie dann anderntags dringend nötig hätte, lieber aufhebt. In manchen Häusern auch nur ein Gelaß, in dem man den Strom abstellt, ehe man die neue Lampe aufhängt, oder das Wasser, wenn ein Rohr gebrochen ist.

Altbau

Klingt irgendwie ehrfürchtig und läßt passable Preise ahnen. Die durchgetretenen Holzfußböden, knarrenden Treppen und mäusehaltigen Hohlwände werden durch das echte Jugendstilfenster über dem ehemaligen Dienstboteneingang mehr als aufgewogen.

Altlasten

Zum Beispiel die Flecken an der Badezimmerdecke . . . „Vor Ihnen hat hier ein Chemiker gewohnt“, erklärt der Hauswirt. Und auf Ihr verständnisvolles Nicken: „Das ist von seinen Versuchen?“ schüttelt der wackere Vermieter den Kopf: „Nein, das ist der Chemiker selbst!“

Atelier

Der Architekt wollte – in höchster Not und schon jenseits der Kalkulationsgrenze – ein paar Zwischenwände einsparen. So kam das viel zu große Zimmer zustande, für das der Vermieter diese anspruchsvolle Entschuldigung fand. Und falls Sie meinen, es sei winters nicht zu heizen – auch Rembrandt hat gefroren.

Außenfühler

Bei diesem modernen Begriff handelt es sich wider alles Erwarten nicht um etwas Unanständiges, sondern um eine wärmeempfindliche Zelle an der Außenwand des Hauses. Sie bestimmt, ob Sie frieren oder schwitzen sollen, und teilt das über eine elektrische Leitung der Heizung mit, die dann entsprechend reagiert.

Aussicht

Die kessen Berliner der zwanziger Jahre wünschten sich eine Wohnung am Kurfürstendamm mit der Ostsee im Vorgarten und den Alpen hinterm Haus. Mittlerweile fehlt weithin schon der Blick auf „die Mauer", und hier wie überall muß man mit Lärmschutzwänden und Sichtblenden vorlieb nehmen. Am Sonntagabend, oder wenn Besuch kommt, kann man darauf die letzten Urlaubsdias projizieren und fühlt sich dann wieder wie in Bangkok oder der Toscana.

B

Balkon

Staatsoberhäupter und ähnliche Würdenträger lieben es, von Balkons herunter das Wort an ihr Volk zu richten. Wenn Sie einen Balkon haben, verlautbaren Sie allenfalls, daß es Zeit sei, heraufzukommen, sich die Hände zu waschen und zu essen. Es dürfte kaum fraglich sein, was für die Menschheit erfreulicher und nützlicher ist.

Beletage

Es steht Ihnen selbstverständlich frei, Ihre Wohnung im 1. Stock eine *Beletage* zu nennen. Finden Sie sich

Außenfühler

Brot & Salz

aber damit ab, daß feine, ältere Damen dann auch erwarten, von einem Dienstmädchen (schwarze Kleidung, weiße Servierschürze) mit einem Knicks empfangen zu werden.

Bestausstattung

Alles vom feinsten: Geschorene Felle als Bodendecker, Leder an der Wand, und die Löwenfüße der Badewanne sind aus echter Kanonenbronze gegossen. Der letzte Schrei, wenn Sie wollen: Türspione vom Stasi, mit Ursprungszertifikat und Gebrauchsspuren.

Brot & Salz

Das klassische Geschenk für jemanden, der ein neues Heim bezieht. Sollte ein altbackenes Weckchen und ein Viertelpfund Salinensalz nicht mehr den gestiegenen Ansprüchen genügen, ist ein sog. „Hochzeitsbrot“ erlaubt, voll von Zutaten, und das Salz darf in einem geschliffenen Kristallflakon dargebracht werden.

Bungalow

Ursprünglich leichtes Wohngebäude für englische Kolonialbeamte in Indien, wo sich eine solidere Bauausführung nicht lohnte, weil dieselben doch meist bald von Tigern gefressen oder von Sikhs gemeuchelt wurden.

Bunker

Vornehmlich in früheren Grenzlanden finden sich noch vereinzelte Bunker, hier und da sogar in großen Städten. Sie zeichnen sich durch solide Bauweise aus und schützen auch in unseren Tagen zuverlässig gegen vom Himmel herabfallende Gegenstände. Zu Wohnzwecken indessen nur bedingt geeignet.

C

Carport

Mit Wellkunststoff gedecktes Lattengerüst neben der eigentlichen Garage. Ausreichend mit Knöterich bewachsen, entzieht es den Zweit- (bei Doppelgaragen den Dritt-) wagen zudringlichen Blicken, weist jedoch auf das Vorhandensein eines solchen gebührend hin.

City-Lage

Sie haben alle Geschäfte des täglichen Bedarfs in unmittelbarer Nachbarschaft: Juwelier, Modehaus, Möbeldiscount, Fluggesellschaft. Dabei genießen Sie ab 18.30 sowie an Sonn- und Feiertagen absolute Ruhe in leeren Straßen und haben die Wahl unter allen Parkhäusern.

D

Dachneigung

Nicht die verhängnisvolle Neigung, bei Mondschein auf dem First zu spazieren, sondern die baufachliche Antwort auf die Frage, warum im Winter der Schnee als Lawine herunterkommt und bei Frühlingsstürmen die Ziegel gleich dutzendweise davonfliegen.

Dachwohnung

Befindet sie sich unter dem Dach, dient sie den Nachfahren von Spitzwegs „Armem Poeten“ als Bleibe. Oberhalb des Daches heißt sie „Penthouse“, kostet die doppelte Miete und gilt als der SL oder Testa Rossa städtischer Wohngelegenheiten.

City-Lage

Doppelgarage

Denkmalschutz

Vergewissern Sie sich, daß Ihr neues Zuhause nicht dem Denkmalschutz unterliegt. Andernfalls müssen Sie die behördliche Genehmigung einholen, ehe Sie weiter Nägel in die historischen Wände einschlagen, können jedoch staatliche Zuwendungen für Gardinen im Stil Wilhelms II. verlangen (oder des Bauhauses, wenn das Haus jünger ist).

DHH

Der Architekt wollte je eine Außenwand sparen und hat deshalb zwei Häuser aneinandergebaut. DHH ist die eine Hälfte dieses Doppelhauses, und man kann kaum etwas dagegen einwenden, wenn sich im anderen Hausteil nicht gerade eine Trommlerschule eingenistet hat oder ein Kunstschütze die Anfangsgründe seines Berufs erlernen will.

Doppelgarage

Auch für Menschen, die nur über ein einziges Auto verfügen oder über gar keins, in manchen Landstrichen notwendiger Anbau, um kreditwürdig und bei Wahlen als zuverlässig zu gelten.

Dorf

Ihre Familie war Ihnen zu klein? Nun, jetzt haben Sie 1.200 Seelen hinzugewonnen.

3ZKDB

Die Grundwährung im Wohnungshandel (noch kleinere Münze heißt Appartement). Das dritte Zimmer wird zunächst meist als Eßzimmer eingerichtet und sonntags auch genutzt, bis es dann für Babybett und Wickelkommode benötigt wird.

Dunsthaube

Was man als schützende Kopfbedekkung fleißiger Waschfrauen von ehedem ansehen könnte, ist ein lärmendes Ding, das – über dem Herd angebracht – verhindert, daß der heimkehrende Partner mit erhobener Nase sagt: „Ah, Fischstäbchen!“

Durchhaus

In neueren Siedlungen kaum noch anzutreffen: Ein Haus zwischen zwei Straßen und mit Ausgängen nach beiden Richtungen. In älteren Großstädten beliebt, weil es einem die Chance ließ, in die Marktgasse (beispielsweise) zu entkommen, während von der Münsterstraße (ebenfalls beispielsweise) ein Gläubiger (wahlweise: der Gerichtsvollzieher) das Haus betrat.

Duschtasse

Viel mehr als eine etwas größere Tasse ist das ja auch nicht, in das man hineinsteigt, um des Tages Schmutz und Sorgen von sich abzubrausen. Caracalla hätte den Erbauer seiner Thermen vermutlich steinigen lassen, wenn er Duschtassen eingebaut hätte, aber diese feudalen Zeiten sind unwiederbringlich vorbei.

E

Einbauschränke

Grämen Sie sich nicht über den eingebauten Wäscheschrank in der Küche und den Besenschrank im Schlafzimmer! Es war halt noch

Dunsthaube

Einliegerwohnung

Platz neben dem Kamin, oder beim Betonieren ergab sich eine unmotivierte Nische, die gefüllt werden mußte. Die Baukunst unserer Tage ist hoch entwickelt und findet stets einen Ausweg, wenn Plan und Wirklichkeit ein wenig auseinanderklaffen.

Einliegerwohnung

Die Bezeichnung ist irreführend: Einlieger können durchaus sehr gut zu Fuß und auf den Beinen sein. Das ist sogar wünschenswert, weil sie auf ihre Enkelchen aufpassen müssen, wenn die Eltern ausgehen wollen. Auch rechnet man damit, daß sie Einbrecher in die Flucht schlagen, implodierende Fernseher in den Garten werfen und kleinere Schadenfeuer löschen, während die Hauptbewohner dringende Erholung auf den Seychellen suchen.

Einzugsmarsch

Niemand kann Ihnen übelnehmen, wenn Sie Ihren Einzug in das neue Zuhause mit etwas Marschmusik verbrämen. Die klassische Musikliteratur bietet dazu recht annehmbare Vorlagen. Der bekannte und in national empfindenden Zeiten beliebte „Pariser Einzugsmarsch“ eignet sich indessen nur bedingt dazu, weil er für berittene Truppen komponiert wurde und der Umzügler überfordert werden könnte, wenn er dabei in einer Hand ein Goldfischglas, in der anderen ein Bündel Regenschirme trägt und auf dem Kopf ein paar bestickte Häkelkissen balancieren muß.

Eisenbahnwagen, ausrangierte

So etwas ist mit wenig Aufwand (Geranien vor den Abteilfenstern, kleinere Reparaturen an der Wagenunterseite) wieder hübsch herzurichten. Als Bewohner erfreuen Sie sich großer Beweglichkeit, sind allerdings dabei auf das schwindende Schienennetz der Bahn angewiesen.

Energieversorgung

Wenn Sie neben dem Elektroherd, den beiden Friteusen, dem Warmhalteofen und dem Heimbügler mit dem Trockenautomaten auch noch einen keramischen Brennofen, ein Do-it-yourself Schweißgerät und eine Batterie von Infrarot-Heizstäben anschließen möchten, sollten Sie doch gelegentlich mit dem örtlichen Elektrizitätswerk ein vertrauliches Wörtchen reden. Was die Flurwand so angenehm warm macht, könnte die Leitung zum Zähler sein!

F

Fassade

Manche Häuser aus der Jahrhundertwende sehen so aus, als beherbergten sie eine kgl. Oberfinanzdirektion oder das städtische Liegenschaftsamt. Heute baut man anspruchsloser und setzt vor die Hohlblocksteine höchstens noch eine dämmende Ziegelmauer oder ihre Nachbildung aus Plastik.

Fenster

Selbstverständlich geht in Erfüllung, was Sie in der ersten Nacht im neuen Heim träumen. Allerdings: Sie müssen die Fensterscheiben zählen, ehe Sie zu Bett gehen, und sich am anderen Morgen zuverlässig der genauen Zahl erinnern. Kleine Hilfen (Notizzettel, Aktenvermerke) sind erlaubt, aber dann müssen Sie

Energieversorgung

Fernsehen

sich wieder erinnern, was dieser merkwürdige Zettel mit der völlig unbekannten Zahl bedeuten soll.

Fenstersturz

Hat nichts mit dem berühmten Prager Fenstersturz zu tun und mit seinen Folgen, den Greueln des Dreißigjährigen Krieges. Es handelt sich vielmehr um einen Betonbalken über Ihren Fenstern, und Schwierigkeiten verursacht er nur insofern, als Sie mit den Haken für die Gardinenstange nicht hineinkommen. Es sei denn, Sie haben eine wirklich professionelle Schlagbohrmaschine von mindestens 1000 Watt.

Fernsehen

In manchen Häusern wird es nur ungern gesehen, daß man sich an geeigneten Stellen nachträglich Fenster in die Wände bricht. Vermissen Sie an bestimmten Stellen den Blick in die Ferne, sollten Sie dort ein hübsches Bild aufhängen, etwa die „Schlacht von Solferino“ oder „Kaiser Rotbart im Kyffhäuser“. Auch eines der beliebten Alpenpanoramen, vom Künstler mit genügend Details ausgestattet, kann den Betrachter fesseln und seine Augen stundenlang wandern lassen.

Feuerlöscher

Unerläßlich, wenn leicht Entzündliches (Mädchenherzen, begeisterungsfähige Fanclub-Mitglieder, politisch Engagierte) in der Wohnung aufbewahrt wird. Gern gesehenes Zubehör auch von älteren Fernsehgeräten, probat bei naturbelassenen Adventskränzen und Weihnachtsbäumen.

Fitneßraum

Ersetzt immer mehr die Kellerbar im Eigenheim, hat indessen deren

Attraktivität bei Gästen noch nicht völlig gewinnen können. Auch der Ausschank von Bier nach jeweils 50 Streckübungen mit Gewichten und 42 km auf dem Laufband scheinen da nicht auszureichen. Empfehlung: Spielen Sie mit dem Kassettenrekorder immer mal etwas Beifall von der letzten WM ein!

Freisitz

Letztlich germanischen Ursprungs: Die „Freisassen“ durften vor ihrem Häuschen sitzen, ohne dafür Gebühren an Hermann den Cherusker oder eine andere Obrigkeit entrichten zu müssen.

Fußbodenheizung

Während die Sonne den Menschen von oben erwärmt, so daß er der Pelzmütze ab Ende März entraten kann, und die normale Heizung dafür verantwortlich ist, daß er die Jacke auszieht, kommt die Fußbodenheizung seinem Bestreben entgegen, die Schuhe in die Ecke zu schleudern und die Strümpfe hinterherzuwerfen.

G

Garage

Aus dem Inhalt: Schaufeln, Spaten, Rechen, Gartenschlauch, Kinderdreirad, Hobelbank, Abfalleimer, Farben, Pinsel, ein ausrangiertes Sofa, Gartenschirme, Hometrainer, aufblasbare Gummitiere, Blumenkübel, Kinderschaukel, Rodelschlitten. Anmerkung: Auch zur Unterbringung eines Kraftwagens ist eine Garage manchmal geeignet.

Fußbodenheizung

Gelegenheiten, billige

Häuser, in die schon dreimal der Blitz eingeschlagen hat oder die in jedem Frühjahr überflutet werden, können genauso reizvoll sein wie Neubauten auf dem Gelände ehemaliger Pulverfabriken und am Rand von Truppenübungsplätzen. Wer gelegentlichen Abenteuern nicht abgeneigt ist, wird sich hier wohlfühlen und die moderate Miete schätzen.

Gemeinschaftsantenne

Sachgemäß installiert, erfüllen die meisten Gemeinschaftsantennen den gemeinsamen Wunsch, die gängigen Fernsehprogramme und ein bißchen Hörfunk zu empfangen. Probleme können auftauchen, wenn ein Mieter darauf besteht, das Ding auf 178° 11′ 23″ auszurichten, weil er nur so die Kurzwellenfunksprüche seines amateurfunkenden Sohnes in Moçambique hereinbekommt.

Gerätschaften, nützliche

Werfen Sie das verwitterte Klötzchen nicht weg, das Sie im Schlafzimmer gefunden haben! Es hält das Fenster zuverlässig offen, wenn jemand die Badezimmertür aufmacht. Der unerklärliche Haken unterm Klingelknopf bewährt sich jedesmal, wenn man mit beiden Händen voller Plastiktüten aufschließen muß. Und das Kettchen, das aus der Öffnung am Kamin herabhängt, erfüllt seine Pflicht bei Westwind, weil dann der Kamin brennt, während alle anderen in der Nachbarschaft nur noch qualmen. Wie, weiß der Himmel – einfach dran ziehen!

Geräusche

Jedes Heim hat seine individuellen Geräusche. Was nachts über das Verandadach tappt, ist kein Einbrecher, sondern des Nachbars Katze. Das geheimnisvolle Singen und Klingen an der Hausrückseite

Gelegenheit

kommt vom Wind, der in den gespannten Drähten summt, an denen der Vorgänger rosa Clematis ziehen wollte. Und wenn es nachts an die Haustür klopft, begehrt kein fröstelnder Asylant Einlaß, sondern Mieselmanns trunkener Großvater von gegenüber, der gern die Hausnummern verwechselt. Bald wird Ihnen das alles sehr lieb geworden sein!

Größe

Natürlich möchte jedermann jetzt wissen, welche Ausdehnung denn Ihr neues Heim hat. In Quadratmetern, die Nutzflächen abgezogen, ist das zuweilen wenig eindrucksvoll. Nehmen Sie die gesamte Grundfläche mal der Zimmerhöhe, und sprechen Sie mit leicht erhobenem Kopf vom *umbauten* Raum. Das klingt irgendwie sachverständig und umfaßt dann auch die Kofferkammer unterm Spitzgiebel.

Grundriß

Ehe Sie in Ihr neues Zuhause einzogen, vermittelte Ihnen der Grundriß das dumpfe Gefühl, daß Sie nicht das kleinste Möbelstück mitnehmen und aufstellen könnten, abgesehen vielleicht von Ihren Spazierstöcken und den Stielen Ihrer Besen, wenn Sie diese abschraubten und hochkant stellten. Aber Grundrisse täuschen, wie Sie wohl mittlerweile erfahren haben. Sie haben nicht nur Ihr Mobiliar untergebracht, sondern können sich mit etwas Vorsicht und Zurückhaltung dazwischen sogar noch bewegen. Andererseits: So dick wie eingezeichnet sind die Wände nicht. Sprechen Sie bei unumgänglichen Auseinandersetzungen etwas leiser, und schaffen Sie sich für Tschaikowskys „Ouverture 1812“ (die mit dem Kanonendonner) lieber gute Kopfhörer an.

Größe

Hanglage

H

Härte

Das Wasserwerk ist verpflichtet, Ihnen die Härte des Wassers anzugeben, das aus Ihren Leitungen fließt. Richten Sie sich beim Händewaschen danach; von einem bestimmten Härtegrad aufwärts können Sie jedoch auch die Anerkennung als Kurbad beantragen und Ihr Wasser (vielleicht mit ein wenig Kohlensäure-Zusatz) als Heilquelle verkaufen.

Hanglage

Wenn man oben gleich im Schlafzimmer steht und unten aus der Küche ins Freie tritt – allerdings mit hübscher Aussicht auf den besiedelten Hügel jenseits des Tales –, bewohnt man ein Haus mit Hanglage.

Hausbau

Wenn Sie beim Bau Ihres neuen Zuhause selbst ein Wort mitgeredet haben, konnten Sie vermutlich all die Fehler vermeiden, die normale Häuser ja fast unbewohnbar machen. Dafür wissen Sie aber auch, warum man auf der etwas hoch geratenen dritten Stufe zur Terrasse immer wieder stolpert, woher die stets feuchte Stelle unten links hinter der Badewanne kommt und was bei Ostwind im Dachgebälk leise, aber unheilverkündend quietscht. Dergleichen verstärkt die innere Verbundenheit mit dem Eigenheim auf geheimnisvolle Weise und läßt es mit der Zeit richtig liebgewinnen.

Haussegen

Vielleicht geben Sie der Aufhängung des Haussegens gleich nach dem Einzug ein wenig festliches Gepränge (Champagner, Barockmusik, Kerzen)? Es empfiehlt sich,

Haussegen

mindestens zwei Nägel zu verwenden, damit er nicht unversehens in Schieflage geraten kann. Noch besser ist es, den Haussegen verläßlich einzudübeln (8er Einschlagdübel, Messingschrauben. Vorbohren!)

Heim

Vieldeutige Bezeichnung für Obdach bzw. Unterkunft:
1. Gemütliche Wohnhöhle, wo man im Flur über das Dreirad der Jüngsten stolpert, und damit gewiß ist, daheim zu sein.
2. Heimat im allerengsten Sinn, es sei denn, man hat Dauergäste als Logierbesuch.
3. Streng geleitete Anstalt zur Unterbringung kränklicher, mißliebiger oder sonstwie überflüssiger Personen.

Heimleitung

Nach dem Gesetz hat die Ehefrau die sogenannte Schlüsselgewalt, was sie aber nur berechtigt, wirklich Notwendiges für den Haushalt ohne zeitraubende Rückfragen einzukaufen.

Heimordnung

Verstöße gegen die Heimordnung (Schuhe nicht abgeputzt, Mantel nicht auf den Bügel gehängt, schmutzige Wäsche im Bad liegengelassen) werden mitunter streng geahndet: Es gibt abends Grießbrei statt Bratkartoffeln, und der Sünder sieht sich plötzlich einer Mehrheit gegenüber, die für „Lindenstraße“ plädiert, wo doch Deutschland gegen die Philippinen spielt!

Heizung

Unerläßliche Vorrichtung, das Haus auch im Winter bewohnbar zu halten. Man unterscheidet die eigentliche Heizung, die meist im Keller

Heizung

steht und sogenannte laufende Kosten verursacht (Wartung, Überprüfung, Ersatzteilersatz, Reparaturen, Abdichtung, Filtererneuerung, Manometerregulierung, Druckausgleich, Wassernachfüllung, Luftauslaß usw.) und die Heizkosten, die eng mit der Lage am Persischen Golf und dem internationalen Goldstandard zusammenhängen – egal, ob Sie Koks, Briketts, Gas oder Öl verfeuern. Die Heizkostenverteilung bei sogenannten Mehrparteienheizungen läßt man am einfachsten jeweils vom nächsten Amtsgericht vornehmen mit der Möglichkeit zur Sprungberufung vor dem zuständigen Oberlandesgericht.

Hinterhof

Im Gegensatz zum Innenhof oder gar „Patio" haftet dem Hinterhof von altersher das Odium des Minderwertigen an. Vom Hinterhof führte einst die Hintertreppe nach oben, auf der die sogenannten Hintertreppengeschichten ausgetauscht wurden, meist von geschwätzigem Dienstpersonal. Die Zeiten sind längst darüber hinweggegangen; ein paar Geranien machen selbst den tristesten Großstadthinterhof freundlich, und an warmen Abenden trifft man sich dort gern zu improvisierten Partys. Ein Stück bunte Lackfolie, gefällig über die Mülleimer gebreitet, tupft einen hübschen Farbfleck in die fröhliche Szene, und sobald die ersten Flaschen leergetrunken sind, kann man Kerzen hineinstecken, was südländisches Flair vermittelt.

Hobbyraum

Möchten Sie sich jetzt einen Hobbyraum einrichten, muß eine kurze Besinnung auf Art und Wesen Ihres Hobbys am Anfang stehen. Feine Stickarbeiten, das Sammeln von Blütenblättern oder Briefmarken benötigen nicht mehr Platz, als neben der Bügelmaschine oder hinterm Fernseher vielleicht noch vorhanden ist. Das Restaurieren von Oldtimer-Autos und die Vorbereitung von Fallschirm-Absprüngen können jedoch leicht den Rahmen des Zimmerchens sprengen, das Sie für Ihre hübsche Liebhaberei vorgesehen haben.

Hochhaus

Die Bauordnung schreibt keine Mindestanzahl von Stockwerken vor, auch wird der Titel nicht verliehen, aber man sollte zumindest vom Dachgarten die nächste Ortschaft sehen können. Im Extremfall ist das Hochhaus selbst ein hochkant gestelltes Dorf mit entsprechend vielen Einwohnern, aber ohne dessen Naturverbundenheit. Bemerkenswert: In den oberen Stockwerken sieht man den Schnee zuweilen von unten herauffallen, und statt angesagten Regens genießt man über den Wolken den Sonnenschein.

Hof

Das Land steht voller ehemaliger Bauernhöfe, deren Scheune sich ein Kunstmaler (Bildhauer, Modeschöpfer) ausgebaut hat. Wenn Sie mit Ihrem Dackel das ehemalige Wohnhaus beziehen, können Sie fortan mit erheblichem Selbstbewußtsein verkünden, Sie hätten den Inkassobeamten (Zeitschriftenwerber, Küchenmaschinenvertreter, Lexikonverkäufer) „mit den Hunden vom Hof gejagt!"

Hypothek

Ein historisch interessierter Statiker aus Schwäbisch Hall hat jetzt herausgefunden, was die Balken alter Fachwerkhäuser so krumm werden ließ und manches steinerne Haus zu vorzeitigem Einsturz brachte: die übermäßige Belastung durch Hypotheken, die der vorhandenen Bausubstanz nicht angemessen waren. Wenn Sie unbedingt mit Hypothe-

Hypothek

Infrastruktur

ken arbeiten wollen, streichen Sie vorsichtshalber die letzte Null!

I

Ideale

Jedes Möbelstück hat seinen idealen Standort. Den können Sie allerdings nicht anhand des Bauplans ermitteln, sondern nur durch geduldige Erprobung. Deshalb werden Sie wohl die kommenden Jahre mit Möbelrücken zubringen. Wenn dann eines Tages der Sessel so steht, daß Sie mit der Linken mühelos an den zimmerwarmen Rotweinvorrat gelangen, mit der Rechten die verschiedenen Fernbedienungen, aber auch den Aschenbecher und die Kaffeekanne erreichen – und wenn das alles auch noch die Zustimmung Ihres Hundes findet, sollten Sie allen Versuchungen widerstehen, in eine andere, größere, günstiger gelegene Wohnung umzuziehen.

Infrastruktur

Modernes Fach-Chinesisch der Städtebauer für die erfreuliche Tatsache, daß Sie die Bushaltestelle ohne weiteres mit einem tüchtigen Fußmarsch erreichen können und der nächste Supermarkt einen Autobahnanschluß hat. Vor dem Einkauf leicht verderblicher Waren empfiehlt es sich, den Verkehrswarnfunk aufmerksam abzuhören und die Wetterkarte Ihres Landstrichs zu Rate zu ziehen.

Innenarchitekt

Innenarchitekt

Jemand, der überzeugend darlegen kann, warum die Stühle in der Eßecke durchaus mit Lyoner Seide überzogen werden müssen und der Fußboden des Kinderzimmers nach indischem Schiefer verlangt. Den kategorischen Forderungen des Innenarchitekten kommt man am besten bis ins letzte Detail nach, weil die geringste Abweichung das Gesamtbild stört und die ästhetische Harmonie des Raumeindrucks ruiniert.

K

Kachelbad

Begriff aus der Frühzeit des Badewesens, nachdem man davon abgekommen war, samstags ein Wännchen in die Küche zu stellen und darin die Familie hierarchisch geordnet zu reinigen. Heute vorwiegend ein Argument, um die Einzimmerbude als Luxus-Appartement einzustufen.

Kamin

Röstvorrichtung für Leute, die sich gern einen kalten Rücken bewahren.

Kellerasseln

Es ist ein weit verbreiteter (und von Hausherren unterstützter) Irrglaube, daß Kellerasseln das Haus frei von Wolfsspinnen, Gelben Rachenfüßlern und Quellschaben halten. Die Asseln denken überhaupt nicht daran, zumal sie viel lieber in anspruchsvolleren Kreuzworträtseln zu Hause sind, wo sie mit dem Gnu und dem Ara einträchtig zusammenleben.

Kinderreiche

Es gibt durchaus passende Wohnungen für kinderreiche Familien. Ehemalige Schulen, unmodern gewordene Tennishallen, Institute, die sich früher dem gesamtdeutschen Gedanken widmeten, bieten Raum genug und sind oft preiswert zu haben. Fast immer läßt sich die notwendige Anzahl von Toiletten und Bädern nachrüsten; für eine größere Küche baut man zweckmäßigerweise einen Zwischenboden ein; in die einstige Hausmeisterwohnung zieht dann die Älteste mit ihrem Freund.

Kleeblatt

Selten, aber manchmal doch findet sich ein Häuschen innerhalb von Autobahnkreuzen oder Gleisdreiecken. Aparterweise vereint es eine unübertreffliche Verkehrsanbindung mit absolut ungestörter Ruhe, weil das Überschreiten der Fahrbahnen oder Schienenstränge durchweg verboten ist.

Kniestock

Der dunkle und nie restlos erforschte Raum hinter der abgeteilten Dachschräge. Ist irgend etwas beim besten Willen nicht mehr wiederzufinden, rüstet man am besten ein unerschrockenes Kind mit einer Taschenlampe aus, seilt es zuverlässig an und schickt es in den Kniestock. Es wird zwar nicht das Gesuchte zutagefördern, aber ein verstaubtes Köfferchen mit alten Fotos, den zusammengerollten Stahlstichen von der Schlacht am Peißenberg, zwei vergilbte Regenschirme und einen ebenfalls schmerzlich vermißten Gartenhut mit Kornblumen-Garnitur.

Kinderreiche

Liebhaberobjekt

Korridor

Jüngere Leute, die in der Schule aufgepaßt haben, verbinden mit dem exotischen Wort eine Bahnlinie, die in den dreißiger Jahren nach Danzig führte. Andere halten „Korridor“ für einen spanischen Heerführer der Renaissance. Daneben war der „Korridor“ jedoch auch einmal ein schmaler, meist dunkler Gang, der zu Zimmern in langgestreckten Hinterhäusern führte. Bauten mit gut erhaltenen Korridoren werden gern von Filmgesellschaften vorübergehend angemietet, um darin Kriminalfilme zu drehen.

L

Liebhaberobjekt

Wenn ein Haus so verbaut oder so absurd gelegen ist, daß sich dafür wirklich kein vernünftiger Käufer findet, preisen es die Makler als „Liebhaberobjekt“ an. Da die Liebe gelegentlich die Sinne verwirrt, besteht dadurch die minimale Chance, das Objekt doch noch loszuschlagen. Wenn Sie so eine Okkasion erworben haben – sie braucht viel Liebe, vergilt sie jedoch auch mit immer neuen Überraschungen!

Loggia

Balkon, der sich ins Innere des Hauses zurückgezogen hat.

M

Maisonette

Gewissermaßen ein Häuschen im Haus. Manchmal dadurch unterstrichen, daß die verschiedenen Wohnebenen durch eine Treppe verbunden sind.

Mansarde

Als Monsieur Mansard damals die Pariser Dachböden ausbaute, um auch sie noch gewinnbringend zu verwerten, ahnte er sicher nicht, wie gemütlich Dachschrägen in den Zimmern sein können. Allerdings war zu seiner Zeit auch die Frage noch nicht befriedigend gelöst, wie man Vorhänge und Jalousien an geneigten Fenstern anbringt – andernfalls hätte Henri Murger auf manch pikanten Aspekt in „La Bohème“ verzichten müssen.

Mehrfamilienhaus

Eine Immobilie, die man durchwegs lieber erbt als bewohnt.

Mietzins

Wenn man Vermietern glauben will, deckt die Miete gerade die Zinsen für das, was sie zum Hausbau aufwenden mußten. Wovon sie leben, bleibt im Dunkel der Kostenrechnung, weshalb man auch immer recht lieb zu ihnen sein soll.

Müllschlucker

Ehe man die unglaublichen Werte erkannte, die im Abfall verborgen schlummern (PVC, Weißblech, Cadmium, Caesium, Quecksilber), ein Loch in der Wand, in dem Überflüssiges und Unerwünschtes verschwand, soweit es hineinpaßte und nicht vom Strafgesetz geschützt war.

Mietzins

Nachbarn

Mülltonnen

In manchen Städten steht neben der gewohnten Normalmülltonne schon eine Biotonne für kompostierbare Abfälle. Rechnen Sie damit, daß dazu demnächst noch die Tonne für nichtkompostierbare Kunststoffe kommt, die (andersfarbige) Tonne für wiederverwertbare Textilreste, Wollfäden und Flusensammler-Inhaltsstoffe, eine weitere für keramische und nichtkeramische Scherben sowie ein verschließbarer Sammelbehälter für persönliche Korrespondenzreste, Bankauszüge und fiskalische Drohbriefe. Unsere Entsorgung ist aus dem Planungsstadium heraus und fest in der Hand von Experten.

N

Nachbarn

Früher machte man am ersten Sonntagmorgen seinen Antrittsbesuch. Da heute kaum jemand den dazu notwendigen Stresemann oder Cut besitzt, erledigen das besonders jüngere Leute, indem sie sich beim Einzug links die Wasserpumpenzange und rechts eine Handvoll Lüsterklemmen leihen. Auch so kommt man ins Gespräch, und wenn die Rückgabe des Leihguts in eine Party ausufert, findet man besonders schnell zueinander.

Nachtabsenkung

1. Verminderter Herzschlag und reduzierter Blutdruck während einer ruhig und möglichst allein verbrachten Nacht.

2. Eigenmächtige Sparmaßnahme computergesteuerter Heizungen, die der Meinung sind, zu warm zu schlafen, könne auf die Dauer ungesund und zu teuer sein.

Naßzelle

Es liegt nahe, dabei an eine besondere Abart geheimpolizeilicher Folterkammern zu denken, indessen handelt es sich um Badezimmer, die gewissermaßen aus einem Stück zusammengeklebt, -geschweißt oder -gegossen sind und an passender Stelle in den Rohbau hineingehängt werden. Der Kenner unterscheidet sie von herkömmlichen Badezimmern dadurch, daß sie beim Gesang in der Wanne nur einen gedämpften Hall-Effekt haben.

P

Palast

In Deutschland selten und kaum bewohnbar. In südlichen Ländern berechtigt das Vorhandensein von zwei Säulen am Eingang und eines ehemaligen Marmorfußbodens in der Küche zur Bezeichnung „Palazzo“ und zu entsprechenden Mietforderungen.

Paternoster

Ein Paternoster in Ihrem neuen Zuhause kann als bemerkenswerte Rarität gelten. Man ist davon weitgehend abgekommen, weil zu viele Benutzer fürchteten, bei der versehentlichen Weiterfahrt übers oberste Stockwerk hinaus auf der anderen Seite mit dem Kopf nach unten aufzutauchen.

Paternoster

Pool

Pool

Wenn verschiedene Unternehmen alles in einen Topf werfen, bilden sie nach angelsächsischem Sprachgebrauch einen Pool. Wenn verschiedene Familienmitglieder samt Freunden, Freundinnen, Bekannten und Partygästen in einen wassergefüllten Behälter springen können, ist das im Slang der Bungalowvorstädte auch ein Pool. Der eigentliche Zweck ist in beiden Fällen der gleiche: Mehr Wohlbefinden für alle Beteiligten sowie Lustgewinn durch angenehme Beschäftigung in hübscher Umgebung.

R

Radiaesthesie

Das Metier der Wünschelrutengänger, die unter Ihrem neuen Zuhause möglicherweise Wasseradern, Verwerfungen, Störzonen und andere verborgene Scheußlichkeiten entdecken. Wenn Sie daran glauben, steht zu befürchten, daß Sie eines Tages daran glauben müssen; es kann aber auch geschehen, daß der Radiaesthetiker unter Ihrem Neubau eine ergiebige Goldader ortet, und dann hilft nur noch schleuniger Abriß, um die Kosten wieder hereinzubekommen.

Rasenkantenschneider

Manchen Leuten, z. B. bayerischen Bergbauern, sind die Ränder ihrer Wiesen völlig egal. Andernorts zeugt eine sauber geschnittene Rasenkante von Bürgertugend, Ordnungssinn, Vertrauenswürdigkeit und Vaterlandsliebe. Wenn Sie dort von der Bank einen Kredit haben oder um des eingesessenen Nachbarn Töchterlein freien wollen, sollten Sie sich einen Rasenkantenschneider anschaffen. Das praktische kleine Gerät bringt Ihren Rasen in eine präzise Form; es gibt schallgedämpfte Modelle, mit denen Sie in eiligen Fällen sogar sonntags oder nachts bei Flutlicht arbeiten können.

Reihenhaus

Eine Art zu wohnen wie viele andere. Wenn Ihr Kind schulpflichtig wird, empfiehlt es sich, ein Bild der Mutter ans Gartentor zu nageln, damit das arme, unmündige Wesen in der Reihe gleicher Fassaden wieder heimfindet. Bei Partys können Sie Ihren Gästen den richtigen Weg weisen, indem Sie aus dem Vorgärtlein einen bunten Fesselballon aufsteigen lassen, den man von der Autobahn aus sehen kann.

Rohbauparty

Wenn das Richtfest vorbei und das Dach auf dem Haus ist, wird es Zeit für eine Rohbauparty. Zwei Böcke, Schalbretter darüber, rustikaler Imbiß, auf einem Reststapel von Kalksandsteinen ein Fäßchen Bier, und schon entwickelt sich ein stimmungsvolles Fest, bei dem niemand Rücksicht aufs Cocktailkleid und den schwarzen Anzug nehmen muß, weil „Gummistiefel, Helm“ auf der Einladung stand. Im Grunde sind wir doch immer wieder gern so glücklich wie in Kindertagen, als wir im Sandhaufen Kuchen backen und aus übriggebliebenen Balken eine Wippe bauen konnten . . .

S

Sauna

Überzeugte Saunagänger fordern längst: „Kein Heim ohne Sauna!“ In der Tat ist es immer wieder hübsch,

Reihenhaus

Schwimmhalle

zu sehen, wie bei 90° Celsius alle Ausstattung dahinschwindet und der Mensch als solcher übrigbleibt. Hat Ihr neues Zuhause noch keine Sauna, sollten Sie schleunigst ein preiswertes Modell im Versandhandel erstehen und in einer Küchenecke unterbringen. Ist noch Platz im Garten, können Sie es auch größer haben, mit Bar und Schwimmbekken und einem umfriedeten Platz, wo Sie sich winters im Schnee wälzen können. Wie manch anderes Befremdliches, gehört das zu den originalen Saunabräuchen; in manchen Gegenden ist zuverlässiger Sichtschutz anzuraten, um das Einschreiten der Sittenpolizei zu verhindern.

Schlafrichtung

Während noch Goethe für eine west-östliche Ausrichtung seines Diwans optierte, haben neuere Forschungen der Bettenindustrie ergeben, daß man am besten nord-südlich ruht. Genauer gesagt (aber das versteht wohl nur, wer längere Zeit als Rudergänger auf Küstenmotorschiffen fuhr oder in der Satellitennavigation gearbeitet hat) in Nordnordost-zu-Nord-zu-Südsüdwest-zu-Süd-Ausrichtung. Steht Ihr neues Zuhause falsch – und fast alle Häuser stehen in diesem Sinne falsch! –, bleibt Ihnen nur, die dadurch entstehenden leeren Ecken im Schlafzimmer mit pflegeleichten Palmen oder gefälligen Kunstgegenständen aufzufüllen.

Schwimmhalle

Es ist anzunehmen, daß Ihr neues Zuhause über eine Schwimmhalle verfügt, denn kaum eine Immobilienanzeige kommt noch ohne so etwas aus. Natürlich sollte sie mindestens sechs Bahnen in der Olympiadistanz aufweisen, damit die jungen Talente Ihrer Familie entsprechend gefördert werden können. Notfalls (hier und da verstellt ja noch alte Bausubstanz den wünschenswerten Fortschritt) können Sie in einen Zuber ausweichen, der unter der Kellertreppe einen Dauerplatz bekommt und preiswert mit Brauchwasser aus der Dachrinne gefüllt wird. Vieles ist eine Frage der Benennung, besonders im Small talk auf gewissen Partys.

Seegrundstück

Der Hochadel unter den Immobilien. Meist mit Traumvillen bebaut, die unter drückenden Verhältnissen an Filmgesellschaften oder private Fernsehproduktionen ausgeliehen werden.

Singles

Überzeugte Einzelpersonen neigen zu unkonventionellen Wohnformen. Sie fühlen sich in ehemaligen Fabrikhallen ebenso heimisch wie in aufgegebenen Weichensteller-Häuschen, zahlen bereitwillig hohe Mieten für Leucht- oder Wassertürme. Ein unruhiger Single war der Erfinder des Planwagens; auf den Weltmeeren begegnet man ihnen als Einhandsegler („Eine Hand fürs Schiff, eine für die Freundin“).

Sonnenmulde

Also – wenn man, sagen wir einmal, in ein schräges Dach so eine Art Balkon hineindrückt. Oder wenn man statt des Dachfensters eine ganze Tür einbaut und davor einen Sitz- bzw. Liegeplatz schafft. Die Sache ist ein bißchen schwierig zu erklären und wohl auch nicht ganz einfach zu bauen, denn viele gibt es noch nicht. Jedenfalls dienen die meisten davon jungen Damen zur rechtzeitigen Bräunung im Frühling, ohne daß man von unten viel sehen kann.

HEUTE IM ANGEBOT!
Singles

Untermiete

SO, SO. SIE SIND ALSO DIE ALLEIN-STEHENDE, ÄLTERE DAME, STRENGKATHOLISCH, KEINE KINDER, HUNDE UND SONSTIGE HAUSTIERE, DIE DIE SECHS QUADRAT-METER GROSSE KAMMER FÜR SCHLAPPE ZWÖLFHUNDERT KALT MONATLICH MIETEN WILL?

Souterrain

Genau übersetzt heißt es „Untergrund“. Dennoch finden sich in Souterrainwohnungen bemerkenswert wenige Terroristen, Freigeister und Abweichler, sondern hauptsächlich Hausmeister, Tiefgaragenwärter und Spezialisten, die rund um die Uhr ein Auge auf die unzuverlässige Klima-Anlage haben müssen.

Straßenfront

Begriff aus dem Bürgerkrieg. Deshalb auch von mancher Stadtverwaltung verwendet, um die Höhe von Steuern und Abgaben zu bestimmen.

U

Uneinsehbar

Hier fehlt nicht die Einsicht in die Pläne des Erbauers, sondern der Blick über den Zaun. Weiß der Himmel, was die Leute dahinter treiben; der örtliche Volksmund findet es auf jeden Fall verdächtig; der einsichtige Makler, der das Grundstück an der Hand hat, belegt es vorsichtshalber mit einem Aufschlag.

Untermiete

Früher nannte man ein solches Mietverhältnis Aftermiete, was die Sache vermutlich viel besser traf.

Unverbaubarer Fernblick

Wirklich garantiert nur am Gestade des Ozeans, auf dessen Grund keine Erdölvorkommen zu vermuten sind.

V

Vasen

Während der Fachmann zwischen Klein-, Boden-, Hänge-, Kugel- und Großvasen unterscheidet, gliedern Sie Ihren Bestand eher in Schenk- und Kaufvasen. Die einen entsprechen meist dem Geschmack der Schenkenden und können in einem ungenutzten Schrank verwahrt werden (bis der freundliche Geber einmal zu Besuch kommt); die anderen Vasen, die man sich selbst gekauft hat, sind gefährlich wegen des oft hohen Anschaffungspreises und der noch höheren Folgekosten der Investition, weil sie ständig nach Blumenfüllung verlangen. Es gibt jedoch sehr hübsche Sparmodelle, deren extrem dünner Hals schon mit einer einzigen Rose gefüllt ist.

Villa

Vorläufer des Bungalows und weitaus nicht so pflegeleicht wie dieser. Eine Villa braucht Personal, das die Kieswege harkt und den Buchsbaum schneidet. Die großen Dachböden verlangen nach vielen alten Koffern und Bücherkisten, die Keller nach sachkundig gefüllten Weinregalen. Außerdem ist freitags immer viel Messing zu putzen – vielleicht sind Villen deshalb ein wenig außer Mode?

Villa

Vorgarten

Ein Mann, dessen Vorgärtlein immer wieder von streunenden Hunden und Kindern, nachts auch von späten Wanderern heimgesucht wurde, brachte dort ein Schild an: „Vorsicht! Bellis perennis! Keine Haftung bei Schäden!" Fortan wurden Kinder ferngehalten, Hunde angeleint, und die erwähnten Wanderer schreckten durchwegs, plötzlich ernüchtert, zurück. „Bellis perennis" heißt das Gänseblümchen.

Vorratsraum

Was man für die nächste Zeit braucht, findet im Kühlschrank und in der Tiefkühltruhe Platz. Der Vorratsraum bleibt zweckmäßigerweise dem vorbehalten, was die Regierung für Spannungszeiten empfiehlt. Leider ist die Bevorratung nach dem Merkblatt des Innenministers so wenig attraktiv, daß es zweifelhaft bleiben muß, ob Spannungszustände überhaupt wünschenswert sind. So fehlen beispielsweise Avocados mit Sauce Bolognese völlig, man sucht vergebens nach Birne Hélène, und selbst Negerküsse hat der Minister nicht vorgesehen.

W

Wände, tragende

Ein Blick in die Baupläne hätte Sie rechtzeitig gehindert, zu sagen: „Hier brechen wir die Durchreiche zur Küche" oder „Aus den beiden Kämmerchen sollten wir ein großes Zimmer machen!"

Wäscheabwurfschacht

Man muß das mit angesehen haben: Da ragt ein dickes Rohr aus dem

Vorgarten

Zaungäste

Boden, und was man auszieht, kann man einfach hineinwerfen. Aber es verschwindet nicht auf Nimmerwiedersehen, sondern landet unten direkt vor dem gierigen Maul der Waschmaschine. Behauptungen, daß sich das Waschgut auf dem Weg hinab selbsttätig in 30°-, 60°- und Kochwäsche sortiere, gehören allerdings noch ins Reich der Fabel, weshalb man in Wohnungen mit gehobener Luxusausstattung schon mehrere WAS (Wäscheabwurfschächte) nebeneinander findet, farblich voneinander leicht erkennbar abgesetzt.

Wohnungsnot

In der Bundesregierung mehren sich die Stimmen, die für ein Verbot der Wohnungsnot sprechen. Besonders der landesweite Mangel an Einfamilienhäusern und Mittelklassewohnungen soll untersagt werden. Eine Werbekampagne unter dem Motto „Klag' nicht – wohn' lieber!" ist in Vorbereitung.

Z

Zaungäste

Gäste am Zaun: der nette ältere Herr mit der grünen Gartenschürze, von der sonnenbadenden Bikinitochter angelockt. Die Rotte Nachbarskinder, wenn Würstchen auf dem Grill zu duften beginnen. – Gäste übern Zaun: das fremde Huhn, das mürrisch hinter den Levkojen pickt und ein Ei zwischen den Salatköpfen hinterläßt. Die getigerte Katze, die nach dem Hessischen Landrecht von 1678 das „Recht über sieben Zäune" hat. Und geheimnisvolle Besucher, die eine Aster abgebrochen und den herrenlosen Ball entfernt haben, der gestern noch zwischen den Brennesseln lag . . .

Zeitzeichen

Nach einer gewissen Zeit in Ihrem neuen Zuhause können Sie die Uhr

Zukunftslage

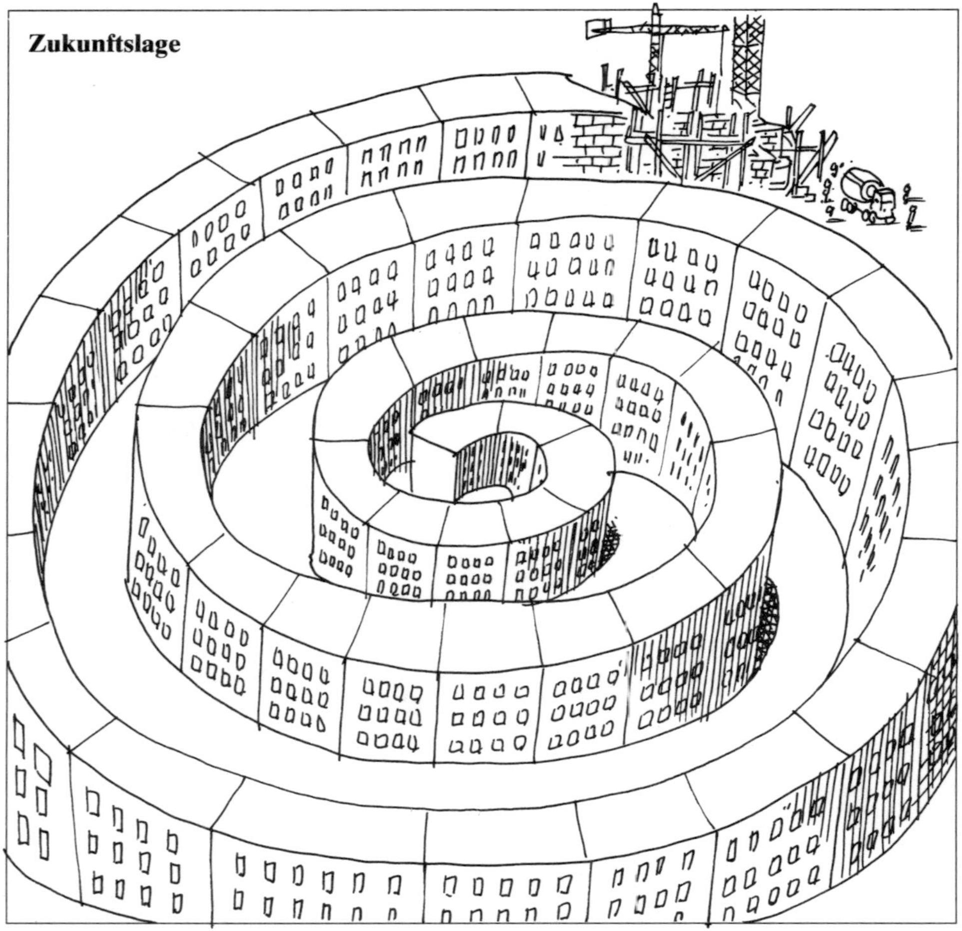

entbehren. Wenn die Zeitung in den Briefkasten fällt, ist es halb sechs. Falls Sie an einer Kreuzung wohnen, bahnt sich der erste Stau Viertel vor acht an. Der Briefträger kommt gegen elf, eine Stunde später kehren die Schulkinder heim. Wenn die Tiefflieger dem nahen Horst zustreben, ist es mit dem Mittagsschlaf vorbei und Zeit, Kaffee zu kochen. Um halb fünf rollt der Nachbar seine Kawasaki donnergrollend in die Remise, kurz vor acht wird es überall still, wegen der Tagesschau. Und wenn all das plötzlich einmal fehlt, verkündet das erregende Geläut der nahen Kirche, daß endlich Sonntag ist.

Zimmerflucht

Hat etwas mit Fluchtlinien zu tun. Das wiederum sind die Spuren, die der Architekt hinterläßt, wenn er sich eilends fortbegibt, nachdem er sein Honorar eingesackt hat.

Zukunftslage

Ihr neues Zuhause steht einstweilen noch auf einer kahlen, windverwehten Hochfläche, zu der sich nur ein unbefestigter Feldweg windet, den zu befahren sich bei Regen alle Lieferanten weigern? Lassen Sie sich gratulieren! Dies sind die unverkennbaren Anzeichen dafür, daß Sie in einer sogenannten „Zukunftslage" wohnen. Irgendwann einmal werden sich hier breite Straßen durch blühende Parks ziehen; großartige Einkaufsmöglichkeiten wechseln in bunter Folge mit ausgezeichneten Unterhaltungsstätten, und es wird eine Infrastruktur geben, eine Infrastruktur, sage ich Ihnen . . .

Von den Glückwunschbüchern

Jeder Band hat 72 Seiten und zahlreiche Karikaturen

TOMUS-*Bücher machen Spaß*

sind bis jetzt erschienen:

TOMUS-*Bücher machen Spaß*

TOMUS-Bücher machen Spaß